Wundervoller Nikolaus

Erzählt von Bettina Herrmann
und Sybille Wittmann
Mit Bildern von Petra Lefin

DON BOSCO

Der Hunger treibt Bischof Nikolaus aus dem Bett. Er hat von frisch gebackenem Brot und gebratenem Fisch geträumt. Doch auch heute wird er diese köstlichen Speisen nicht auf seinem Teller finden. Die Vorratskammern sind leer.

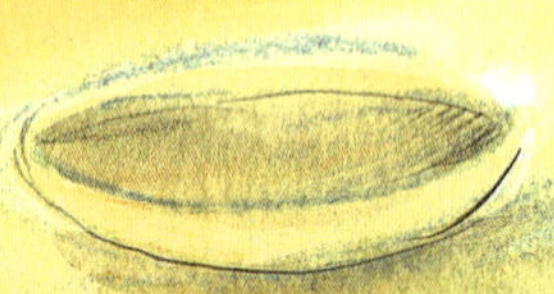

Die Felder sind verdorrt. Anstelle des lebensnotwendigen Korns stehen dort nur vertrocknete Halme.
Die Fischernetze bleiben leer.
Es herrscht eine große Not im ganzen Land.
Bischof Nikolaus kann den Menschen nicht mehr helfen. Alles, was er geben konnte, ist bereits verteilt.

Auch heute wird es keinen Regen geben. Nicht eine Wolke ist am Himmel zu sehen. Die Menschen haben sich wegen der unbarmherzigen Hitze in ihre Häuser zurückgezogen. Auch die Kinder spielen nicht mehr auf den Straßen. Sie sind zu schwach.
Die sonst so lebhafte große Stadt Myra wirkt verlassen und leer.

Bischof Nikolaus läuft ans Meer. Sein Herz ist schwer. Er macht sich große Sorgen. Verzweifelt betet der Kirchenmann: „Gott, du musst uns helfen!“
Wie eine Antwort hört Nikolaus Möwenkreischen über sich. Ein Schwarm der anmutigen Vögel tanzt über den Wassern. Ihre weißen Schwingen leuchten in der Sonne wie die Schaumkronen auf den Wellen.

Plötzlich schießt eine Möwe pfeilschnell herab und taucht mit einem zappelnden Fisch im Schnabel wieder auf.
Nikolaus kennt dieses Schauspiel, er hat es schon oft beobachtet. Gleich wird ein erbitterter Kampf unter den gefiederten Jägern ausbrechen, bei dem die Beute nicht selten fallengelassen wird. Wie dringend könnte er diesen kostbaren Fang für die hungernden Kinder gebrauchen!

Doch seltsamerweise gibt es diesmal unter den Möwen keinen Streit. Sie fliegen gemeinsam an den Strand und teilen sich den Fisch. Jeder Vogel bekommt ein Stück.
Der Bischof wundert sich. So haben sich die Möwen noch nie verhalten.

Als er seine Augen wieder auf das Meer richtet, erkennt er in der Ferne die Segel eines Schiffes. Nikolaus wird froh. Jetzt weiß er, dass Gott sein Gebet gehört hat. Aufgeregt läuft Nikolaus in die Stadt zurück, um den Menschen die Neuigkeit zuzurufen.

Doch als das Schiff im Hafen liegt, mag der Kapitän von seiner Ladung nichts hergeben. Alle Säcke mit Korn sind abgezählt. Er fürchtet den Zorn seines Herren. Aber auch die Lage in der Stadt ist gefährlich: Die Menschen in Myra sind so hungrig und verzweifelt, dass sie das Schiff stürmen wollen! Schon springen die Matrosen von Bord des Schiffes und zücken ihre Waffen, um sich zu verteidigen.

Da erinnert sich Nikolaus an die Möwen.
Voller Glauben ruft er in die Menge:
„Hört auf zu kämpfen! Ihr werdet sehen:
Gott sorgt für uns! Alle werden heute satt!“

Er bittet den Kapitän um einen Sack mit Korn, den ihm dieser nach einigem Zögern aushändigt. Vorsichtig öffnet Nikolaus die kostbare Fracht. Eine heilige Ruhe breitet sich über der Menschenmenge aus. Zuerst ruft der Bischof die Kinder zu sich her. Jedem gibt der Gottesmann eine Schaufel voll Getreide. Dann kommen die Frauen und die Männer an die Reihe. Nikolaus teilt das Getreide an alle aus, aber das Korn im Sack wird nicht weniger!

Da erkennt auch der Kapitän das Wunder.
Er befiehlt seiner Besatzung, alle Säcke an Land zu bringen.
Als alle Scheunen und Speicher gefüllt sind und der Duft von frisch gebackenem Brot in der Luft liegt, ruft Bischof Nikolaus alle Menschen und die Seeleute zum Gottesdienst.
Nicht ein Körnchen Getreide fehlt von der Ladung. Die Hungersnot hat ein Ende.
Gott hat geholfen.

Der heilige Nikolaus hat schon zu Lebzeiten durch seine Hilfsbereitschaft und Freigebigkeit die Herzen der Menschen erobert. Zahllose Legenden ranken sich um den Bischof von Myra, der sich Ende des 3. und Anfang des 4. Jahrhunderts an der Westküste der heutigen Türkei insbesondere für Kinder und Arme einsetzte. Weil er eine Schiffsladung mit Getreide vermehrt, einen Jungen vor dem Ertrinken gerettet und einen Sturm gestillt haben soll, wird er bis heute als Patron der Seeleute verehrt. In vielen europäischen Ländern freuen sich die Kinder alljährlich auf den 6. Dezember, wenn ihr Schutzheiliger sie am Nikolaustag mit kleinen Gaben beschenkt.

11. Auflage 2016 / ISBN 978-3-7698-1813-0

www.donbosco-medien.de
Umschlag und Layout: ReclameBüro, München
Produktion: Don Bosco Druck & Design, Ensdorf